DreamWorks

Les Croods

Le roman du film

W0395555

The Croods © 2013 DreamWorks Animation L.L.C.

© Hachette Livre 2013, pour le texte français.

Adaptation : Marie Le Cocguic, pour le texte.
Tous droits réservés.

Conception graphique : Audrey Thierry.

Hachette Livre, 43, quai de Grenelle, 75015 Paris.

DreamWorks

Les Croods

Le roman du film

hachette
JEUNESSE

Guy

Guy est un jeune homme intelligent, mais aussi très mystérieux. Une chose est sûre, il sait apprivoiser la nature ! Débrouillard et moderne, il a appris à vivre seul… ou presque : Brassé, son animal de compagnie, n'est jamais bien loin. Si Eep trouve tout de suite Guy intéressant, Grug préfère se méfier de lui. Quelqu'un qui vit en solitaire, qui maîtrise le feu et qui porte des choses étranges aux pieds… c'est louche, non ?

Il est le chef de famille. Avec lui, ça ne rigole pas : on attend le signal, on marche en rang, on s'organise ! Bon, c'est vrai, Grug a un peu de mal à faire régner l'ordre dans sa petite tribu. Mais pour protéger les siens, il est prêt à prendre tous les risques.

Grug

Ugga

Ugga est douce et patiente. Elle a un sixième sens pour sentir quand quelque chose ne va pas, et elle trouve toujours les mots qui rassurent. Elle comprend Grug mieux que personne, et elle le suivrait jusqu'au bout du monde !

Eep

Cette jeune fille indépendante n'a pas sa langue dans sa poche ! Son rêve ? S'envoler loin de la grotte familiale pour suivre son propre chemin et voir où les rayons du soleil la mèneront... Depuis toujours, Eep a soif d'aventure !

Gran

Gran est la grand-mère de la famille. Son activité préférée ? Asticoter Grug ! Ce gros ronchon mérite bien un petit coup de canne sur la tête de temps en temps, non ? Et puis, les petites blagues rendent la vie bien plus drôle !

Thunk

En tant que seul fils de la famille, Thunk adorerait prouver à Grug qu'il est fort et vaillant, comme lui ! Malheureusement, il est très maladroit et plutôt craintif, ce qui n'aide pas à combattre les moustiques géants ni à chasser le déjeuner...

Sandy

Sandy est encore trop jeune pour savoir parler. Et puis, elle n'en a pas besoin : elle grogne ! Cette petite fille sauvage intimide n'importe quel prédateur en montrant ses canines pointues... et en fait voir de toutes les couleurs à ses parents !

Moi, c'est Eep. J'appartiens à la famille Croods. On est des hommes des cavernes, et on vit au temps de la préhistoire. On porte des peaux de bête, et on passe la plupart du temps à l'abri de notre grotte, car les dangers à l'extérieur sont nombreux. D'ailleurs, on est les derniers survivants de la région. Nos voisins, les Gorts ? Écrabouillés par un mammouth. Les Horks ? Avalés par un serpent géant. Les Erfs ? Décimés par des moustiques carnivores. Si on a survécu, c'est grâce à mon père, Grug. Il est grand et fort, mais surtout, il respecte à la lettre les règles de survie : « Toute nouveauté est mauvaise, la curiosité est défendue, et s'aventurer dehors est hors de question. » En résumé, tout ce qui est amusant est interdit... Bienvenue dans mon monde !

1

Bienvenue chez les Croods !

— Arrgghhhhh grhhhhhh…

Grug sort de la grotte en rugissant. Son cri résonne contre les parois des falaises qui surplombent la caverne. Il s'immobilise dans la poussière et attend que son écho se taise. Pas de danger en vue. Il se retourne et prépare le signal.

Mais avant que le moindre son sorte de sa bouche, une jeune fille surgit à ses côtés. C'est Eep, avec sa silhouette féline, bien différente de la carrure imposante de son père.

— Tu es censée attendre mon signal, Eep, lui fait remarquer Grug.

— On est enfermés là-dedans depuis des lustres, répond-elle, le visage tourné vers le soleil.

— Trois jours, pas des lustres.

— C'est la même chose quand on connaît la famille, bougonne la jeune fille.

— Allez, ne sois pas mélodramatique, dit gentiment son père.

Une fillette jaillit à son tour de la pénombre. Sa silhouette est plutôt robuste pour sa petite taille.

— Non, non, non, Sandy, viens par là ! Les petites filles doivent sagement attendre le signal...

Grug est interrompu par Ugga, sa femme, à l'allure svelte, qui court derrière sa petite dernière.

— Ugga... soupire Grug.

— Dès que j'aurai rattrapé Sandy, je retournerai à l'intérieur. Et, promis, j'attendrai le signal, assure-t-elle.

— Bah, techniquement, tu es déjà dehors, précise Grug.

— Moi, j'attends le signal, papa.

La voix provient de l'intérieur de la grotte. Thunk, 9 ans, guette patiemment l'appel de son père.

— C'est bon, viens... Tout le monde est dehors, de toute façon, lui lance Grug, résigné.

— Maman, nous sommes prêts à partir ! Maman ? crie Ugga.

Une vieille femme aux cheveux gris sort tranquillement sous la lumière du jour. Elle tient dans la main un long bâton en bois biscornu.

— Oui, oui, j'suis toujours vivante, marmonne Gran, la grand-mère de la famille.

— Pour l'instant, mais la journée ne fait que commencer, la taquine Grug.

— Et toi, tu es toujours aussi empâté, répond Gran avec malice.

Il est temps pour les Croods de se mettre en quête du petit déjeuner ! Ils s'élancent vers leur territoire de chasse, en file indienne, derrière Grug qui ouvre la marche.

Arrivés à destination, ils repèrent un nid abandonné dans lequel est posé un énorme œuf bleu. Toute la famille se cache derrière un rocher, pendant que Grug analyse la situation.

— OK, dit-il finalement. Qui est volontaire ?

Eep lève le bras avec frénésie, en implorant son père du regard. Thunk semble beaucoup moins enthousiaste que sa sœur. Grug décide de trancher en tirant à pieds ou tête. Exactement comme à pile ou face... mais avec Gran !

Grug l'attrape à bout de bras et la lance dans les airs. La grand-mère tournoie sur elle-même avant de perdre de la vitesse.

— Les enfants, faites votre choix.

— Tête, dit Eep.

Gran retombe et s'enfonce dans le sol, la tête la première. Seules ses jambes sont visibles à la surface.

— Pieds ! Thunk, c'est à toi, annonce Grug.

Thunk se hisse dans le nid, saisit l'œuf et s'élance droit devant en donnant le signal du départ pour l'ensemble de la famille.

C'est alors qu'un immense oiseau de proie, une liémeu, surgit derrière Thunk et lui arrache l'œuf des mains. Sandy s'agrippe aux serres du volatile pendant qu'Ugga

grimpe sur sa tête et lui retire l'œuf du bec. Elle s'apprête à le lancer à son mari quand un groupe de gerbilles à croche-patte se joint soudain à la chasse. Elles enroulent leurs longues queues autour des pattes de l'animal.

La liémeu, Ugga et l'œuf tombent violemment au sol. Les gerbilles s'emparent du butin et s'enfuient.

— Maman, rattrape-les ! crie Ugga.

Du bout de sa canne, Gran arrête les gerbilles et pousse l'œuf, à la manière d'un joueur de hockey. Malheureusement, une troupe de léotes qui les suit de près la fait trébucher, puis la distance rapidement.

— Une ancêtre à terre ! s'écrie Grug. Eep, à toi de jouer !

La jeune fille s'élance et se jette sur la léote qui tient l'œuf. Elle le récupère... mais pas pour longtemps, car elle se fait encercler par des chauves-copins ! Elle le lance à son père.

En l'attrapant, ce dernier piétine par mégarde la langue d'un hibours qui se réveille de très méchante humeur... Grug détale, le hibours à ses trousses. Il lâche l'œuf, mais Thunk l'intercepte. Le hibours percute un géréléphant qui le soulève, accroché à l'une de ses défenses, et charge, droit devant lui ! Grug attrape chacun des membres de sa famille et les lance l'un après l'autre sur le dos du géréléphant. Direction Crood Canyon !

Lorsqu'ils arrivent enfin, sains et saufs, le soleil décline derrière les falaises. Il est l'heure de se mettre à l'abri pour déguster le fruit de la chasse !

2

Une lumière dans la nuit

La lumière du jour disparaît peu à peu, et Grug se dépêche de faire rentrer toute sa famille dans la grotte. Il le sait, la nuit est synonyme de danger. Ugga regarde le ciel avec attention, puis ramasse une branche posée au sol et rentre à son tour.

— Qui dit pleine lune dit toilette pour tout le monde ! Toi aussi, maman ! ajoute-t-elle en voyant Gran qui tente de fuir vers la sortie.

— Sauve qui peut !

Ugga la retient par le col de sa tunique.

Grug les interrompt, l'air inquiet :

— Elle est toujours dehors ?

— Tu sais bien qu'elle déteste cette grotte, répond Ugga d'une voix douce.

En effet, à l'extérieur, Eep escalade la falaise pour sentir les derniers rayons du soleil sur sa main.

— S'il te plaît, reviens demain, murmure-t-elle.

Elle entend son père qui l'appelle et s'impatiente. Elle soupire, mais se résigne à redescendre.

Au même moment, un hibours apparaît et fonce droit sur l'entrée de la grotte.

— Eep ! Descends !

Grug s'empare d'une grosse pierre et la lance sur l'animal, qui est sonné par le choc. Eep saute alors à terre et se réfugie à l'intérieur. Sur ses talons, son père a tout juste le temps de refermer la grotte derrière eux.

Ce soir, l'ambiance n'est pas à la fête. Grug est contrarié... Il ne comprend pas la soif d'aventure de son aînée, ni sa fascination pour l'inconnu. Les règles de survie sont obligatoires, fin de la discussion ! Pour apaiser les esprits, il rassemble les siens en cercle et raconte l'histoire de Krispy, l'oursonne bien trop curieuse. Eep, le dos tourné, s'est retranchée dans son coin pour bouder.

Toute la famille dort maintenant paisiblement. Toute... sauf Eep qui se retourne sur sa couchette sans trouver le sommeil. Dehors, les hurlements des créatures sauvages brisent le silence de la nuit. Soudain, la jeune fille entend une musique. Elle contourne sa famille endormie sur la pointe des pieds et s'approche de l'entrée de la grotte.

Whoosh ! Un éclair de lumière jaillit à travers les interstices du rocher.

Eep pousse de toutes ses forces le rocher qui barre l'entrée. Pour la première fois, elle sent l'air frais de la nuit sur son visage. Son cœur bat la chamade. Après un instant d'hésitation, elle lâche enfin la paroi et s'élance dans le noir.

Eep trouve bientôt la source de la lumière : une torche ! Elle approche sa main, mais le vent en éloigne la flamme. C'est alors qu'elle perçoit une présence derrière elle. D'un bond, elle se retourne et s'empare de la créature qui l'observe. Elle s'apprête à l'étouffer, mais deux mains s'agitent sous son nez, suppliantes.

— De l'air !

— Tu parles ? dit Eep, interloquée.

— Je suis un humain, comme toi... enfin presque comme toi !

Eep recule et regarde l'intrus avec méfiance.

La flamme vacille. Le jeune garçon avance le bras vers la torche, mais Eep le retient.

— Non, c'est à moi !

— La flamme est en train de mourir, laisse-moi la rallumer. S'il te plaît... J'ai peur du noir.

Eep s'écarte et le laisse souffler sur les braises.

— C'est du soleil ? demande la jeune fille.

— Non, c'est du feu.

— Bonjour, Feu.

— Ce n'est pas vivant, tu sais.

— Mais tu as dit qu'il mourait !

— Ah oui, pardon, non... Comment dire... Je le fabrique, en quelque sorte !

Eep attrape le jeune garçon à bout de bras, le maintient en l'air et ordonne :

— Fais-en pour moi.

— Pas le temps là, il faut partir immédiatement.

Eep lâche Guy qui tombe par terre.

— Merci. Au fait, je m'appelle Guy. Et ça, ici, c'est Brassé. Cuisinier, brillant causeur, navigateur, il tient aussi mon pantalon.

Ce qui ressemble à un petit singe poilu desserre ses longues pattes de la taille de Guy, où il est accroché, et regarde Eep intensément.

— Laisse-moi t'expliquer, Eep, c'est la fin du monde. Nous devons nous réfugier sur un point culminant. Je connais une montagne. C'est notre seule chance. Viens avec moi.

— Je ne peux pas, murmure-t-elle.

— OK. Si tu survis, appelle-moi ! lance-t-il avant de disparaître.

Eep se retourne et... *vlan !* Elle percute de plein fouet son père.

— Tu es blessée ? Qu'est-ce qui t'a pris ? demande Grug, inquiet.

— Rien. Je voulais juste être seule, réplique Eep.

— Tu *quoi* ?

— Papa, laisse-moi t'expliquer...

Grug attrape sa fille.

— Tu es privée de sorties.

3 Le nouveau monde

Le lendemain matin, Eep tente de parler à sa famille de sa rencontre avec Guy et de sa source de lumière. Peine perdue, son père coupe court à la discussion et la consigne dans la grotte. Furieuse, Eep donne un coup de pied dans une pierre qui manque de hurter Grug.

Crac ! Au même moment, un long craquement retentit, et le sol se met à trembler. Puis de petites fissures apparaissent les unes après les autres. Un nouveau vrombissement, plus fort encore, fait reculer la famille, stupéfaite. Les fissures s'agrandissent et deviennent rapidement des trous gigantesques.

La terre s'ouvre alors sous les pieds des Croods.

— Il... il avait dit que ça arrive-rait, articule Eep.

— Tous dans la grotte ! Vite ! crie Grug.

Les Croods s'élancent à travers le canyon. Ils courent en zigzag pour éviter les pierres qui dégringolent des falaises. Ils esquivent les trous et contournent le relief accidenté. La terre gronde, dans un vacarme assourdissant. Les Croods n'ont jamais rien entendu d'aussi terrifiant.

Devant la grotte, ils accélèrent leur course, mais un bloc entier de la falaise se détache et vient s'écrouler à l'entrée dans un nuage de poussière. Grug plaque sa famille au sol pour la protéger de son imposante carrure.

Le silence revient sur le canyon.

— Tout le monde va bien ? demande Grug.

— Oui... mais regarde, notre grotte a disparu ! s'exclame Ugga.

Leur repaire est enseveli sous des dizaines de rochers empilés les uns sur les autres. À travers la poussière, Eep distingue une lumière vive. Elle s'avance et découvre... un nouveau monde !

— Venez voir ça...

Les Croods s'approchent du sommet. En contrebas, ils aperçoivent un univers à l'opposé de leur canyon. Les arbres sont touffus et verts. Les fleurs sont

multicolores. Au loin, des collines bordent une forêt tropicale. Cet endroit est magique !

— On devrait y aller ! s'exclame Eep.

— Pas question. Personne ne va nulle part. Qu'est-ce qu'il a dit d'autre, le garçon ?

Soudain, un énorme oiseau coloré surgit du nouveau monde. C'est une tortue colombe.

Les Croods reculent, surpris, mais l'oiseau déploie ses ailes et s'éloigne tranquillement. Ils reprennent leur souffle... Seulement un instant, car le rugissement d'un hibours derrière eux les fait sursauter. L'animal charge. Les Croods n'ont pas d'autre choix que de s'élancer vers la nouvelle contrée.

Grug et les siens font le grand saut dans l'inconnu... pour la première fois de leur vie.

— Nous ne pouvons pas rester à découvert. Nous devons

trouver une grotte, prévient Grug. Marchez dans mes pas.

Les Croods avancent prudemment. Toutes les créatures qu'ils rencontrent sont étranges et improbables, comme la souriphant ou la chauve-souris vampire. Ils vont de découverte en découverte !

Soudain, ils se retrouvent encerclés par une colonie de singes cogneurs.

— Je m'en occupe, dit Grug.

Il écarte ses grands bras et pousse un rugissement menaçant. Aucune réaction chez les singes. Grug se tait, étonné. L'un des singes bondit, attrape sa tête et tambourine dessus avec son poing. Un peu sonné, Grug se retourne... et un autre singe le martèle à son tour ! Puis un troisième... et ainsi de suite ! Grug est devenu un véritable punching-ball. Gran se joint à l'étrange groupe et donne un coup à Grug sur le nez.

— Ah, j'adore ce jeu !

Tout à coup, sans raison apparente, la colonie de singes s'enfuit. Les Croods se retournent et découvrent un perroquivore. Grug lui lance une pierre. En un

clin d'œil, le félin la broie entre ses crocs. Le père de famille entraîne les Croods dans un arbre énorme.

— Montez ! Montez vite ! panique-t-il.

Du sommet de l'arbre, il voit une forme sombre se dessiner.

— Une grotte ! s'exclame Grug. Allons-y !

La famille s'engouffre et *splatch !* L'entrée se referme derrière eux.

— Hé, regardez ! Cette grotte a une langue. Impressionnant ! s'étonne Thunk.

Les Croods sont en réalité dans la bouche d'une gigantesque baleine des sables. La créature recrache la famille, qui atterrit sur un talus.

Le perroquivore apparaît dans la clairière, mais rebrousse chemin en voyant le jour décliner.

— Ha ha, il a peur du noir, ricane Thunk. Mais... attendez une minute... Nous aussi, on a peur du noir !

À peine a-t-il terminé sa phrase qu'un nuage de piranerruches surgit devant les Croods. Il y en a

des centaines. Ils volent en escadron serré. Malgré le ballet féerique de ces oiseaux, la famille se rend vite compte que ce sont de dangereux prédateurs carnassiers en les voyant dévorer la baleine en un rien de temps !

— En cercle ! commande Grug.

Les Croods sont prêts à l'attaque. Eep aperçoit un crâne vide : elle le ramasse et souffle dedans de toutes ses forces. Un long sifflement retentit.

Par chance, depuis la forêt, Guy entend l'alerte et voit l'essaim d'oiseaux. Il apparaît à la lisière du bois et rejoint Eep dans la clairière. Il saisit deux cailloux et, en les frottant, en fait jaillir une étincelle. L'essaim de piranerruches se rapproche, obscurcissant le ciel. Tout devient sombre...

Puis une flamme vacillante apparaît devant Guy. Il ajoute deux poignées d'herbe pour que le feu prenne. La lumière des flammes transperce le nuage comme une lame. Pendant quelques instants, les Croods se retrouvent dans une tornade de petits monstres volants, qui finissent par disparaître, apeurés par le feu.

— Ta-da ! chantonne Guy avec un sourire triomphant.

4

Le feu

Le calme revient dans la clairière. Gran, Ugga, Sandy et Thunk sont hypnotisés par le feu qui crépite. Ils se rapprochent doucement des flammes.

— Holà, on recule, tout le monde ! On ne connaît pas les intentions de feu, prévient Grug.

Il éloigne un à un les membres de sa famille du foyer.

— Maintenant, on va sagement rester assis et attendre que le soleil revienne. Ensuite, on cherchera une grotte et on fera comme si cette journée n'était jamais arrivée.

Sandy échappe à la vigilance de son père et se rue vers les flammes. Elle secoue la torche avec ses dents, tandis que des braises volent partout autour d'elle.

— Papa, Sandy attaque le feu ! prévient Thunk.

— Sandy ! Non ! Le feu n'est pas un jouet, intervient Grug.

Les étincelles se mettent à danser autour des Croods. Quelques-unes se posent sur la tunique de Thunk.

— Le feu m'aime bien, on dirait... Hé, mais il me mord ! crie Thunk en courant comme un fou. Tu n'es pas mon ami ! Arrête, s'il te plaît ! Je n'ai que 9 ans !

Dans sa course, des braises tombent de son habit et commencent à crépiter un peu partout dans l'herbe. Gran vient au secours de son petit-fils avec son bâton… mais sa canne aussi prend feu ! Elle la frappe par terre, ne parvenant qu'à faire naître d'autres brasiers dans la clairière. Lorsque Ugga tente d'étouffer les flammes avec des branches, le feu repart de plus belle. Elle attrape alors un tronc de séquoia qu'elle jette dans la clairière. *Whoush !* Il s'embrase dans une flamme géante. Gran frappe alors de son bâton un épi de maïs géant. *Plop ! Plop ! Plop !* Les Croods se retrouvent au sommet d'un monticule de pop-corn !

Une partie dégringole sur Eep et Guy.

— Mais qui êtes-vous ? demande le jeune homme.

— Oh, pardon... Nous sommes les Croods ! dit Ugga. Et toi ?

— Guy, répond le garçon tout en s'extirpant du tas de pop-corn.

Il s'apprête à partir, mais Eep le rattrape.

— Lâche-le, intervient aussitôt Grug.

— Mais... on ne peut pas le laisser s'en aller ! Et si jamais on ne trouve pas de grotte ? Si jamais ça prend plusieurs jours ? Et si les oiseaux voraces reviennent ?

— Et puis on a besoin de son feu, ajoute Gran.

Grug soupire. Il empoigne Guy d'une main et le cale dans un tronc vide.

— Très bien. Tu restes avec nous jusqu'à ce qu'on trouve une grotte.

Le jeune garçon se contorsionne comme un ver.

— Quoi ? Non, je ne suis pas d'accord ! Restez ici si vous le voulez mais laissez-moi partir. J'ai un rêve, une mission, une raison de vivre !

— Plus maintenant, dit Eep.

Guy réfléchit.

— Hum... j'ai une idée. Allons

vers cette montagne, là-bas.

— Elle est trop loin, grogne Grug.

Brassé, lové contre la taille de son maître, lui jette un regard d'incompréhension. Le garçon lui adresse un clin d'œil.

— C'est une montagne. Les montagnes sont sûres. Les montagnes ont des grottes, de l'eau, et du bois.

— Bien, ma décision est prise, annonce Grug. Nous allons vers la montagne. Ne me demandez pas pourquoi, mais j'ai un bon pressentiment.

Mais le reste de la famille ne semble pas emballé par cette idée.

— Allez, quoi, un long voyage tous ensemble à travers le pays ! Des jours et des nuits entiers les uns avec les autres, à se raconter des histoires, à rire. Un vrai bon moment en famille, vous verrez !

Eep lève un sourcil, sceptique.

La troupe se met en route. Rapidement, la fatigue, la faim et la soif se font sentir. Les plaintes se multiplient, mais Grug fait la sourde oreille et oblige les siens à avancer. Ils doivent absolument trouver une grotte, c'est la règle de survie numéro un !

Gran s'arrête soudain.

— J'en ai assez, j'ai besoin d'un en-cas.

D'un geste vif, elle tente d'attraper Brassé, qui sort un minicanif en os pour se défendre.

— Non, non, non. Ne faites pas ça. Il va vous couper. Brassé n'est pas de la nourriture, c'est un animal domestique. *Mon* animal domestique, explique Guy.

— Qu'est-ce que c'est ?

— Un animal qui ne se mange pas.

— Ah ? Chez nous, on appelle ça des enfants, indique Gran.

Grug l'interrompt : il a repéré une énorme dinde-poisson dans les herbes. L'heure de la chasse a sonné !

Grâce à l'aide précieuse de Guy et à l'agilité d'Eep, les Croods s'apprêtent à bientôt savourer leur premier barbecue ! Pendant que la dinde-poisson rôtit sur le feu, la famille hume la délicieuse odeur qui s'en dégage.

— Une avalanche de saveurs... imagine Thunk en salivant d'avance, les yeux fermés.

Puis les Croods se jettent sur la dinde fumante. Ils lèchent, croquent, mâchent et avalent avec des grognements de satisfaction.

Guy et Brassé, en retrait, échangent un regard perplexe.

— Si tu veux mon avis, il n'y aura pas de rab ce soir…

5

Premières chaussures

Le jour se lève. Les Croods, les yeux encore pleins de sommeil, reprennent la route. Ils suivent docilement Grug, qui marche en tête. Sur son épaule, il porte Guy, toujours coincé à l'intérieur du tronc d'arbre. Le père de famille avance avec précaution : il renifle, observe et teste le

terrain. Eep se rapproche de Guy. Elle voudrait bien discuter, mais le jeune garçon refuse de lui répondre tant qu'il n'est pas libre de ses mouvements. Eep réfléchit un instant, puis lui fait un clin d'œil. Elle se place derrière son petit frère, qui se retrouve juste sur les talons de Grug.

— Hé, Thunk, tu as une araignée sur la figure !

La jeune fille attrape le bâton de Gran et frappe d'un coup sec le crâne de son frère, qui vient se cogner contre le dos de leur père. Sous le choc, le tronc s'envole et se fracasse au sol. Grug jette un regard mécontent à sa fille. Il s'avance pour récupérer Guy, mais pose le pied sur un objet tranchant.

— Aïe ! Ne marchez surtout pas sur ces étranges cailloux pointus, dit-il en se retournant vers sa famille.

— Tu veux dire ces pierres... ? demande Thunk en avançant son pied. Aïïïïe ! Ne marchez SURTOUT pas dessus !

Les « cailloux pointus » s'étendent devant eux à perte de vue : il s'agit en fait d'un champ de corail.

— Écartez-vous, les filles ! dit Gran.

De son côté, Guy, à nouveau libre, marche tranquillement sur le corail : il y a longtemps que ça ne l'arrête plus... Il s'éloigne et se réfugie derrière un gros coquillage, à l'abri des regards. Il observe tour à tour les Croods, qui essaient de traverser le champ de corail, et la montagne au loin, synonyme de sécurité. Brassé remarque le dilemme de son ami. Il prend la décision pour Guy et le conduit dans la direction des Croods.

Guy est debout, à la lisière du champ de corail, à seulement quelques mètres du groupe.

Il tient dans ses bras des chaussures « faites main ».

— Je peux vous aider à traverser. Mais avant, il va falloir procéder à quelques petits changements. Terminé, le transport dans le tronc d'arbre, annonce Guy en fixant Grug droit dans les yeux. Laisse-le tomber.

Grug se résigne : il lâche ce qui reste du tronc.

— Plus loin, dit le jeune garçon.

Le père de famille pousse le tronc qui roule à l'écart.

— OK... Et maintenant ? demande Grug.

Guy s'approche, rassuré. Il donne à chacun une paire de chaussures : certaines sont fabriquées avec des feuilles et d'autres sont de véritables poissons bien vivants ! Comme celles de Thunk, qui n'ose pas baisser la tête. Lorsque, enfin, il leur jette tout de même un coup d'œil, ses chaussures le regardent et clignent des yeux. Il sursaute de peur. De leur côté, Ugga et Gran chancellent sur leurs pieds. Quant à Eep, elle se cache les yeux.

— Tu ne regardes pas les tiennes ? lui demande Guy.

La jeune fille ouvre les yeux… et pousse un hurlement.

— Whaou ! Je les adore ! Mais où sont mes pieds ?

— Ben... ils sont toujours au même endroit, répond le jeune garçon en souriant.

— Oh, OK.

Eep avance prudemment une jambe, mais elle glisse et tombe dans les bras de Guy !

— Pffou ! Mais tu es vraiment… lourde.

— C'est vrai ? Oh, merci, dit la jeune fille.

Le champ de corail passé, les Croods se retrouvent devant un nouvel obstacle… Le paysage suivant est parcouru de crevasses. Guy confectionne alors des échasses en bois à la taille de chacun. Les premiers pas sont laborieux. Garder l'équilibre n'est pas facile ! Mais petit à petit, la confiance s'installe, et tous commencent à trouver leurs marques.

— Allez, on ne traîne pas, la montagne ne va pas se rapprocher

toute seule, dit Guy pour motiver les troupes.

À plusieurs reprises, il aide Eep à garder l'équilibre, et la jeune fille se laisse faire, ravie. Grug, lui, ferme la marche d'un pas maladroit.

La plaine se termine par une falaise abrupte. Tout le monde abandonne ses échasses. Guy s'assoit sur une large feuille et propose à ses compagnons de glisser avec lui jusqu'en bas du canyon, comme sur une luge ! Ils sont tous partants, sauf Grug, qui descend prudemment la falaise sur la pointe des pieds. Soudain, il perd l'équilibre et dégringole sur le sol !

À peine sont-ils arrivés qu'une pluie torrentielle se met à tomber.

Les Croods s'immobilisent, pétrifiés. Grug, surpris, donne des coups de poing devant lui pour arrêter les gouttes.

— C'est simplement de la pluie. Vous avez déjà vu de la pluie, n'est-ce pas ? demande Guy, étonné.

— Tu sais, on ne sort pas souvent... avoue Eep.

Guy ouvre un parapluie pour se couvrir, et Brassé en profite pour pousser Eep près de son maître. L'animal regarde la jeune fille se serrer contre Guy. Il sourit, très content de son idée.

6

Le labyrinthe

Les Croods arrivent face à un labyrinthe géant sculpté dans la forêt. Guy ramasse plusieurs coquillages et en distribue un à chacun.

— Bon, ça suffit ! Je ne vois pas pourquoi les enfants ont besoin de leur propre coquillage, intervient Grug.

— Si jamais l'un d'entre nous a un problème, il peut, en soufflant dans son coquillage, appeler les autres à la rescousse, répond Guy.

— Attends une minute... Tu veux dire qu'on va se séparer ?

— Oui. Comme ça, on essayera plusieurs chemins en même temps. On a plus de chance de trouver la sortie rapidement !

— Non, non, non. C'est mon boulot de vous garder en vie. Je suis encore responsable de vous, et on ne va pas se séparer, dit Grug d'un ton ferme.

Il regarde Eep et Guy, côte à côte sous le parapluie.

— Excepté vous deux. Point final, ajoute-t-il.

Un grondement terrible retentit alors. La terre se met à trembler violemment. Guy et les Croods perdent l'équilibre ! Ils sont secoués, puis emportés les uns loin des autres. Quand tout se calme enfin, ils sont tous entrés dans le labyrinthe, chacun par une voie différente.

Grug se relève et regarde autour de lui. Il est seul.

— Hé ho ! Il y a quelqu'un ?

— On va bien ! lui indique Ugga pour essayer de le calmer.

— Papa ? J'ai un peu peur, bredouille Thunk d'une voix mal assurée.

— Ne bouge pas, je viens te chercher, annonce Grug.

— Non, on n'a pas le temps, prévient Guy d'un peu plus loin. Tout le monde continue à avancer droit devant lui et on sortira.

— Papa ?

Grug respire un grand coup.

— Oui, c'est bon, mon grand.

Thunk serre son coquillage et avance prudemment. Tous les

membres de la famille l'imitent, chacun dans son passage respectif.

En route, Thunk fait la rencontre d'un crococlebs, un animal mi-crocodile, mi-chien. Sans réfléchir, il lance son coquillage sur l'animal. Il le manque, mais, à sa grande surprise, le crococlebs lui rapporte le projectile ! Il semble vouloir jouer. Thunk recommence, amusé. Rapidement, le crococlebs le dirige vers la sortie.

Eep, elle, réussit à rejoindre Guy. Ils finissent par trouver la sortie ensemble, suivis de près par Gran, Ugga et Sandy. Il ne manque plus que Grug ! Un long sifflement résonne dans le labyrinthe. C'est lui : il est coincé à l'intérieur ! Malgré ses tentatives, il n'a pas trouvé la sortie... Ugga laisse Sandy à sa grand-mère.

— Je vais le chercher.

La nuit tombe lorsque Ugga et Grug rejoignent enfin le groupe. Ils aperçoivent leur famille, perchée au sommet d'un arbre ! Guy y a installé tout le monde pour la nuit. Gran s'amuse avec Sandy et Brassé, et Thunk joue avec Douglas, son nouveau meilleur ami à quatre pattes qui ne le quitte plus d'une semelle depuis le labyrinthe. Eep et Guy préparent le feu.

Grug est désorienté : sa famille n'a plus besoin de lui pour vivre et pour se protéger. Il se sent inutile... et même un peu jaloux de Guy et de ses bonnes idées. Ugga remarque sa gêne.

— Je monte maintenant. Rejoins-nous quand tu seras prêt, lui dit-elle d'une voix douce.

Arrivée dans l'arbre, Ugga s'assoit à côté de Guy et observe sa famille.

— Ils sont tous un peu étranges, mais ils ont un cœur pur. Je sais combien ça a été difficile pour toi de nous accompagner, mais aujourd'hui a été le plus beau jour de notre vie... Merci pour tout.

Un grondement distrait Guy tandis qu'il écoute Ugga. Il regarde vers l'horizon, d'où se dégagent des feux et de la fumée. Eep vient près de lui.

— Suivez-moi ! dit Guy.

Tout le monde se lève et accompagne le jeune garçon. Même Grug, qui se faufile vers eux en grimpant le long de l'arbre.

Arrivé à la cime de l'arbre, Guy souffle sur la torche. Tout devient noir, sauf le ciel qui scintille de mille feux au-dessus de leurs têtes. Le spectacle est saisissant ! Les Croods n'ont jamais rien vu d'aussi beau. Curieux de voir ça de plus près, Grug monte rejoindre les siens. Il reste sans voix devant la beauté du ciel.

— Il y a plus de soleils dans le

ciel qu'on ne peut en compter... chuchote Thunk, émerveillé.

— C'est dans cette direction que je vais, dit Guy. Là-bas, nous serons en sécurité.

—Je pars avec Guy, annonce Eep d'un ton décidé.

— Non, dit fermement Grug.

— Je ne peux pas partir sans Grug, dit Ugga.

— Oh, moi si ! s'exclame Gran en regardant Guy.

— Mais enfin, maman… commence Ugga.

— Grug ne sait absolument pas comment nous protéger. Il n'a pas eu la moindre idée utile depuis que nous sommes ici. En fait, il n'a eu aucune idée du tout.

— Mais tu oublies la fois où...

— Rends-toi à l'évidence : s'il avait réellement une idée par lui-même, j'aurais une crise cardiaque ! la coupe Gran.

Grug accuse le coup. Même si sa belle-mère aime le taquiner, il sait qu'elle a raison. S'il veut garder sa famille unie, il doit s'adapter à ce nouveau monde. Il n'a pas le choix.

7

Nouvelles résolutions

— Admets-le, nous avons tous changé, Grug. Nous allons partir vers Demain avec Guy, dit Ugga.

Devant elle, Brassé l'écoute attentivement travailler son discours. Elle grimace.

— C'est trop direct, à ton avis ?

Brassé lui adresse un clin d'œil rassurant pour la motiver.

Ugga se décide : elle sort de la forêt et aperçoit Grug qui lui tourne le dos. Elle prend une grande inspiration, puis s'avance vers son mari.

— Il faut qu'on parle... commence-t-elle.

Grug se retourne, et Ugga a un mouvement de recul. Le reste de la famille les rejoint, fasciné par le spectacle : il porte une sorte de perruque rasta faite d'herbes nouées sur la tête !

— Mais... qu'est-ce que tu fais ?

— Yo ! lance-t-il. Tu vois, je n'ai pas fermé l'œil de la nuit. J'ai eu des tonnes d'idées !

Grug soulève sa tunique. Un Boa Constrictor entoure sa taille.

— C'est un serpent ? demande Guy.

— Un Brassé tout neuf, testé et approuvé !

— C'est quoi, ce que tu as sur la tête ? interroge Ugga en pointant la drôle de perruque.

— Appelle ça du désespoir, lance Gran en levant les yeux au ciel.

— Ça ? Je l'ai nommé « carpette ».

— Ce n'est pas fait pour... essaie de prévenir Guy.

— Ça nous permettra de nous déplacer plus vite qu'avec des

chaussures, précise Grug avec un air satisfait.

Il s'élance en tenant sa perruque à deux mains, puis percute un séquoia et le renverse.

— Ça ne sert pas à ça, lui fait remarquer Guy, consterné.

Mais Grug fait la sourde oreille. Il distribue aux Croods des lunettes de soleil en bois... qui cachent en fait totalement les yeux !

— Je les ai appelées : « À l'ombre ».

— Le soleil n'irrite plus mes yeux ! s'enthousiasme Thunk, les yeux bandés. Mais où as-tu trouvé toutes ces idées ?

— Comme je n'ai pas de cerveau, elles sont venues du plus profond de mon estomac et sont remontées jusqu'à mon esprit.

— Grug, il faut vraiment qu'on y aille maintenant, le presse Guy.

Grug soulève un énorme caillou tout plat et le maintient en équilibre au-dessus de sa tête.

— Vous voyez, j'ai des pensées, j'ai des idées ! Comme celle-ci par exemple... J'appelle ça un « mobile home ». C'est malin, non ?

Puis, pour faire une nouvelle démonstration, il monte sur l'un des côtés d'une sorte de balance à bascule qu'il a fabriquée. Il lance un rocher sur l'autre côté : Grug est alors propulsé vers le ciel... sûrement beaucoup plus haut qu'il ne s'y attendait !

— Maman... ? commence Eep, inquiète.

— Je sais, il va mal.

— Je me sens presque désolée pour lui, dit Gran.

Grug atterrit très lourdement sur le sol.

— Mais non, en fait, termine Gran, que le spectacle amuse beaucoup.

Grug reprend doucement ses esprits. Ugga, penchée sur lui, soigne ses plaies et ses brûlures. Ils sont assis près du reste de la petite troupe, dans une énorme carapace de tortue retournée qui navigue tranquillement sur un lac.

— Qu'est-ce que tu essayais de faire, Grug ? demande Ugga d'une voix rassurante.

— J'ai cru que si, moi aussi, j'avais des idées comme Guy, peut-être qu'Eep m'écouterait, qu'elle refuserait de partir avec lui.

— Oh, Grug... Tout ça pour ça ?

Elle s'interrompt lorsque le bateau-carapace s'échoue sur le rivage. À peine ont-ils posé le pied sur le sable qu'une effrayante explosion retentit depuis la montagne toute proche. Des coulées de lave jaillissent du sommet.

Grug repère un abri.

— Une grotte ! Tout le monde à l'intérieur, dépêchez-vous !

Mais personne ne bouge.

— Allez par ici ! crie Grug.

— Non, répond Eep.

— Se cacher dans une grotte, ça suffit, dit Ugga calmement.

Grug panique.

— Thunk ?

— Désolé, papa.

— Tu dois arrêter de t'inquiéter pour nous, dit Eep.

— Mais... c'est mon boulot de m'inquiéter ! C'est à moi de faire respecter les règles de survie ! s'énerve Grug. Elles nous ont permis de rester vivants...

— Pas de « rester vivants », juste de « ne pas mourir ». Il y a une différence, le coupe Eep. Nous devons suivre Guy maintenant.

Grug voit rouge. Il se tourne

brusquement vers le jeune homme, avec un air menaçant.

— Guy, sauve-toi ! lui crie Ugga.

Le garçon obéit, mais Grug se lance à sa poursuite. D'un bond, il se jette sur lui, et ils atterrissent tout droit dans une mare poisseuse de goudron dans laquelle ils sont lentement englués.

— Ça suffit ! Il faut partir d'ici... et vite ! Personne n'en ressort jamais vivant, croyez-moi... dit Guy d'une voix tendue.

Grug fixe le jeune homme du regard. Celui-ci a l'air sincère.

— Tu parles... de ta... ?

— Famille, oui. J'étais petit... quand c'est arrivé... La dernière chose qu'ils m'ont dite avant de mourir, c'était : « Ne te cache jamais, vis ta vie, suis le soleil, et tu arriveras jusqu'à Demain. » Demain, c'est l'horizon, là où la terre est calme, et où les tremblements et le feu laissent place à la lumière.

Grug comprend mieux la situation.

— Tu suivais la lumière... Ma fille te ressemble beaucoup.

— Non, c'est à vous qu'elle ressemble. Et elle vous aime, mais elle oublie trop souvent de vous le dire. Un peu comme vous, d'ailleurs !

— Tu as raison, j'étais trop occupé à protéger ma famille...

— C'est normal, c'est la responsabilité d'un papa.

Guy sourit en prononçant cette phrase. Maintenant, Grug et lui se comprennent mieux.

Mais le calme est soudain rompu par une violente secousse. Des projectiles de lave embrasent le ciel. Grug regarde la montagne, puis sa famille.

— La balle est dans votre camp, dit Guy.

8
Vers Demain

Grug, Guy et les autres se précipitent vers la montagne. Vers Demain ! Ils suivent au loin l'image dorée et douce que dessinent le soleil, les nuages et la montagne dans un alignement parfait.

— Voilà le soleil ! Nous pouvons y arriver ! Suivons-le ! crie Guy.

Grug est stupéfié par la vue. Le jeune homme avait raison, Demain est devant lui.

La terre tremble à nouveau. Dans un vacarme effroyable, le sol s'ouvre en deux ! Un immense nuage de cendre et de lave s'échappe de la faille. Désormais, le soleil et Demain sont de l'autre côté du gouffre, cachés par un nuage de poussière noire.

— Je ne comprends pas... Le soleil était là... balbutie Guy.

Des projectiles de lave continuent de jaillir dangereusement. Ugga rassemble les Croods.

— Vite, on doit retourner dans la grotte ! Restez groupés. Surtout, ne vous dispersez pas.

Grug est immobile, les yeux fixant l'horizon. Il entrevoit la lumière, derrière le nuage de cendre.

— On ne se cache plus. Les grottes, c'est terminé. On doit suivre la lumière. Je sais que je ne peux pas changer, et je n'ai peut-être pas d'idées, mais j'ai ma force, et maintenant c'est tout ce qu'il nous faut pour aller vers Demain.

— C'est beaucoup trop risqué ! s'affole Ugga.

— La vie est un risque, mais c'est aussi une chance.

— Je prends le risque, annonce Guy.

Grug sourit. Sans perdre une minute, il le saisit dans ses bras et le propulse de l'autre côté du gouffre. Le jeune homme atterrit avec Brassé sur l'autre bord, sain et sauf. Grug lance un à un les membres de sa famille, de la même façon.

C'est au tour d'Eep. Il l'enlace tendrement.

— Je t'aime, dit-il doucement.

— Papa, j'ai peur.

— Ne sois jamais effrayée.

Grug la projette de toutes ses forces. C'est maintenant à lui de sauter, mais il est surpris par un tremblement de terre. Le sol se dérobe sous ses pieds, et des météorites pleuvent autour de lui. Il distingue une grotte et court se réfugier à l'intérieur. Il y fait sombre, Grug attrape alors deux cailloux et les entrechoque. Des étincelles apparaissent... Il vient d'allumer son premier feu ! La lumière de la torche illumine enfin la grotte, et Grug se retrouve nez à nez avec un perroquivore... prêt à bondir !

— Aaahh, arrière ! Ne t'approche pas...

Terrifié par le feu, l'animal souffle sur la torche, qui s'éteint.

Grug profite de la pénombre pour tendre timidement la main. Avec douceur, il caresse le félin, qui se laisse faire docilement.

Soudain, il dresse une oreille et, au loin, entend le faible son du coquillage d'Eep.

— Ils sont en danger. Tenez bon... J'arrive !

Mais Grug s'assoit d'abord à côté de son nouvel ami. Il ferme les yeux et se concentre... puis se redresse avec un grand sourire.

— J'ai... une... IDÉE !

Il utilise un rondin de bois pour étaler du goudron sur un squelette géant abandonné dans la grotte. Il se dirige ensuite vers un essaim de piranerruches. Les oiseaux carnivores se mettent aussitôt à le poursuivre ! Il saute sur le dos du perroquivore et, ensemble, ils détalent vers le squelette. Ils se précipitent à l'intérieur. Les oiseaux se cognent contre la cage et restent collés au goudron. Sous l'effet des battements d'ailes, la cage s'envole doucement dans les airs. Elle survole un paysage dévasté. Grug passe un bras entre les os de la cage pour attraper au passage des gerbilles à croche-patte terrorisées et un léote blotti contre un rocher.

Il aperçoit soudain Douglas, l'animal de compagnie de son fils, sagement assis avec un coquillage dans la bouche. Une coulée de lave bouillante arrive droit sur lui, à grande vitesse ! Grug saisit le crococlebs, mais la cage percute le bord de la falaise. Grug est projeté hors de l'abri volant. Le perroquivore étire sa queue dans sa direction... et Grug l'empoigne de justesse, en plein vol !

Eep se tient seule au bord du gouffre. Elle souffle inlassablement dans son coquillage. Guy et Gran, en retrait, observent la jeune fille en silence.

— On ne peut pas rester là, dit finalement le jeune garçon. Nous ne sommes pas en sécurité ici.

— Je vais le lui dire, dit Gran en s'approchant de sa petite-fille.

Eep éclate en sanglots. Gran prend le coquillage et souffle un grand coup à l'intérieur.

Les Croods se rapprochent du précipice.

— C'est difficile pour nous tous, mais tu sais, Eep, si ton papa était là, il te dirait...

— LIBÉREZ LE PASSAGE !

— C'est incroyable, maman, tu as exactement la même voix que papa ! s'étonne Thunk.

— LIBÉREZ LE PASSAGE ! hurle à nouveau Grug.

Sa cage s'écrase au sol à quelques mètres de la famille. Ils se précipitent tous à sa rencontre. Eep court vers son papa et le serre très fort contre elle, le faisant presque tomber par terre.

— Moi aussi, je t'aime.

Le reste de la famille se rassemble autour d'eux.

— Un, deux, trois, quatre, cinq, six... compte Grug en les pointant du doigt les uns après les autres.

Il passe un bras autour des épaules de Guy.

— … et sept…

Brassé passe sa tête à côté de celle de Guy en gloussant.

— … et demi !

Tous les animaux recueillis dans la cage se joignent à la famille pour étreindre Grug chaleureusement.

Le paysage est idyllique, avec sa plage de sable fin entourée de palmiers. Ici, les Croods sont éloignés des volcans qui les menaçaient. De petites vagues viennent mouiller le rivage. La famille savoure la douceur de ce nouveau monde.

À part pour le bronzage et la vie au milieu d'insectes géants, on ne peut plus vraiment dire qu'ils forment une famille d'hommes des cavernes ! Le monde autour d'eux est toujours hostile et dangereux, mais les règles de vie ont changé. Grâce à Grug, ils ont su apprivoiser leurs peurs et évoluer.

Un magnifique lever de soleil illumine la plage.

— À partir de maintenant, nous vivrons ici, dehors, et nous pourrons vraiment vivre... au rythme de la lumière !

Fin

Connecte-toi vite sur le site de tes héros préférés :
www.bibliotheque-rose.co

Table

PAPIER À BASE DE FIBRES CERTIFIÉES

hachette s'engage pour l'environnement en réduisant l'empreinte carbone de ses livres. Celle de cet exemplaire est de :
400 g éq. CO_2
Rendez-vous sur www.hachette-durable.fr

Photogravure **Nord Compo** - Villeneuve d'Ascq

Imprimé en Roumanie par G. Canale & C. S.A.
Dépôt légal : mars 2013
Achevé d'imprimer : mars 2013
20.3617.6/01 – ISBN 978-2-01-203617-8
Loi n° 49956 du 16 juillet 1949
sur les publications destinées à la jeunesse